LES
MARTYRS FRANCISCAINS
DE DAMAS
DANS LES MASSACRES DE LA SYRIE
EN JUILLET 1860.

LETTRE

ADRESSÉE AUX JOURNAUX D'ESPAGNE

PAR LE R. P. JOSEPH-MARIE BALLESTER

PROCUREUR-GÉNÉRAL DE LA TERRE SAINTE.

Annotée et traduite de l'Espagnol en Italien, par le R. P. Alexandre Bassi, Fr. Mineur Observantin : et de l'italien en français par le R. P. Roger, Fr. Mineur Recollet, Franciscain de Terre Sainte.

AVIGNON

SEGUIN AINÉ, IMPRIMEUR-LIBRAIRE

rue Bouquerie, 13.

1861

A MES FRÈRES

LES FRANCISCAINS DE TERRE SAINTE.

Le Père Joseph-Marie Ballester, procureur général de la Terre Sainte, m'ayant, par l'amitié qu'il me porte, communiqué cette lettre qu'il avait adressée aux journaux d'Espagne, j'ai eu la pensée de la traduire en italien et de la publier. Le récit de la mort admirable de ces huit franciscains qui viennent de donner leur vie pour Jésus-Christ à Damas, se répandant ainsi dans un rayon plus vaste, portera aussi plus au loin la gloire de ces héros magnanimes, et sera pour nous, mes bons Frères, un encouragement à suivre de plus près leurs traces, et à ambitionner d'autant plus vivement les récompenses du ciel, que celles de la terre nous sont de jour en jour plus rarement accordées.

F. Alexandre Bassi.

A MES CHERS PÈRES ET FRÈRES,

LES RELIGIEUX FRANCISCAINS RECOLLETS D'AVIGNON, DE NIMES ET DES AUTRES MAISONS DE FRANCE.

C'est un souvenir de la Terre Sainte que je vous envoie. Je vous fais hommage de cette traduction. C'est pour vous que je l'ai faite. J'ai voulu vous faire plaisir, bien assuré que vous auriez mon intention pour agréable. Lisez, chers Pères et Frères. Vous verrez que l'arbre antique de Saint François n'a rien perdu de sa séve et qu'il est toujours fécond. Une maison qui n'est composée que de huit religieux et qui donne huit martyrs, témoigne clairement que l'ordre Franciscain a toujours sa place dans l'Église, et que l'on peut s'estimer heureux de lui appartenir. Vous verrez en même temps quelle est la part de calice qui lui est réservé en Terre Sainte. Et s'il fallait dire que les souffrances du corps sont encore les moindres ! Le cœur, chers Frères, y souffre des douleurs qu'il faut taire, et qui, du reste, ne pourraient s'exprimer. Mais le Maître a souffert dans cette terre désolée, *et le disciple n'est pas plus que le Maître.* Elle l'a crucifié. Depuis ce temps, elle est restée la terre des croix qui y germent naturellement. La croix est notre emblème. Il ne reste qu'à se résigner et à se soumettre. Chers Frères, soutenez-nous de vos affections, donnez-nous votre regard. L'affection des Frères et la protection de Dieu, c'est beaucoup dans les peines. Désirez la Terre Sainte, dût ce désir ne jamais s'accomplir ! On y souffre, mais le cœur reste tranquille dans ces souffrances. Peut-il en être autrement ? Quand pour prier, on s'agenouille sur les lieux que le Sauveur a sanctifiés de sa présence, mouillés de ses larmes et arrosés de son sang, on n'a plus rien à désirer, et l'on ne se plaint pas. Priez pour nous, Frères, prions ensemble. Que nos prières, partant de points si éloignés pour se réunir dans un même point qui sera le cœur transpercé du Sauveur, rapprochent ainsi les distances qui nous séparent.

C'est dans cette pensée consolante que je me dis, votre bien affectionné et tout dévoué,

Fr. Roger,
Franciscain de Terre Sainte.

Jérusalem, 2 février,
fête de la Purification de la Ste Vierge, 1861.

Jérusalem, 20 decembre 1860.

Monsieur le Directeur,

On a beaucoup parlé en Europe du massacre de Damas. Mais, dans notre Espagne, on verra, je crois, sans peine, que je vienne en parler encore, si c'est d'une manière qui doive tourner tout entière à son honneur et à sa gloire. Son armée victorieuse est allée naguère lui cueillir des lauriers parmi les Musulmans du Midi; et voici qu'une petite troupe de sept de ses enfants, lui envoie du milieu des Musulmans du Levant, les palmes du martyre chrétien.

A ce moment, on sait en Espagne que les Franciscains de Terre Sainte avaient à Damas une paroisse et un petit couvent qui servait de collége aux jeunes missionnaires espagnols (1) ; et que tous les religieux de ce couvent, sans en excepter un seul, ont péri dans le massacre général des chrétiens de Damas. Mais j'ignore si l'on sait bien précisément de quelle manière ont péri ces nouveaux confesseurs de Jésus-Christ. Tous, à l'exception d'un seul, apparte-

(1) L'établissement des Franciscains à Damas remonte au commencement du 17e siècle. Avant ce temps, ils n'y allaient que quelques fois l'année pour visiter le petit nombre de catholiques du rit latin qui s'y trouvaient, tous négociants européens. Le collège de langue arabe, pour les Espagnols, y fut fondé un siècle après. Ce n'était pas le seul que la Mission possédât. Celui des Italiens était d'abord au Caire. Aujourd'hui il est à Arïssa, près d'Antoura, dans le Liban. Quand la France pouvait envoyer des missionnaires, comme l'Italie et l'Espagne, le collége de ses missionnaires était à Saïda, où jusqu'au temps de Gessar Bacha, il y eut une nombreuse colonie de négociants français.

naient à notre chère patrie, quelques-uns même ne l'avaient quittée que depuis deux ans. Nous avions reçu des détails dès les premiers jours, ici, à Jérusalem qui est le centre de notre vaste mission. Mais malheureusement on ne pouvait y attacher une croyance entière. Ils variaient entre eux. Pour en avoir de précis et d'authentiques, il fallait donc aller jusqu'à Damas; je m'y décidais et me mis en route. Cependant Beyrouth fut le terme de mon voyage. Arrivé là, j'appris du président de notre hospice que les chrétiens de Damas échappés au massacre et qui étaient ceux que j'aurais eu à y interroger, étaient venus précisément se réfugier à Beyrouth. Il n'y avait plus à délibérer et je me préparai à faire là mes recherches.

Avant de commencer cette douloureuse histoire; afin que vous puissiez l'accueillir avec plus de faveur dans les colonnes de votre honorable journal, j'atteste sur ma conscience et mon honneur, que je ne dirai rien que je n'aie recueilli moi-même, avec la plus scrupuleuse exactitude, de témoins incontestablement reconnus pour honnêtes et en position d'être bien informés de tout ce qu'ils rapportaient. J'atteste, en outre, que c'est sous la foi du serment qu'ils ont fait toutes leurs dépositions. Le premier et principal d'entre eux, est Naam Mosabechi, jeune chrétien de mœurs exemplaires, et connu pour tel par plusieurs de nos religieux. Il se trouvait alors au couvent avec un de ses frères plus jeune que lui, et avec son père, attaché à la paroisse en qualité de maître d'école. Naam, échappé comme par miracle au massacre, en vit néanmoins toutes les horreurs. Bien plus, fils véritablement malheureux, il eut la douleur de voir de ses propres yeux la mort de son propre père qui fut tué à côté du P. Carmel dont nous parlerons, et au sang duquel il mêla son sang.

Vous savez que le massacre des chrétiens de Damas commença le 9 du mois de juillet. Dès le 2 du même mois, le supérieur m'écrivait que l'avenir allait s'assombrissant chaque jour davantage, et qu'ils s'attendaient prochainement à une catastrophe. (1)

(1) Cette lettre, dont je possède l'original et que je conserve comme une relique, est ainsi conçue : je la traduis, comme le reste.

« R. P. Procureur, nous courons le plus grand danger, menacés que nous sommes en même temps par les Druses et par le Pacha de Damas qui leur fournit les moyens d'ôter la vie aux chrétiens, qui seront frappés tous sans distinction, Européens ou Levantins. Cette ville sert d'asile en ce moment à la foule des mal-

Ces craintes s'étant changées en une cruelle certitude, le supérieur ordonna une exposition publique du très-Saint Sacrement pour obtenir du ciel l'éloignement de cette tempête menaçante, ou la grâce et la force pour la supporter courageusement. Il adressa en même temps, du pied de l'autel, un discours

heureux qui ont pu échapper à la mort. Ce sont des chrétiens de tous les rits du Liban, où l'on a tué femmes, enfants, etc. On avait fixé ici, pour le massacre général, le 1er jour des fêtes actuelles (le Ramazan), et les Druses étaient arrivés dès l'avant-veille en nombre considérable. Les consuls et les riches chrétiens, en ayant eu connaissance, allèrent se présenter, les mains pleines d'or et d'argent, au Pacha et aux grands Turcs du Divan. C'est ainsi qu'un édit a été publié qui défend d'inquiéter, soit les chrétiens, soit les Juifs. On a même distribué des gardes dans la ville; et ces gardes ont en effet continué leur service jusqu'à ce jour. Que la volonté de Dieu soit faite. Tout à vous. »

Fr. Emmanuel Ruys.

des plus animés, à nos catholiques, qui, tout tremblants et pleurants, étaient venus chercher là un refuge. En effet, il n'y avait que peu d'instants que la cérémonie était finie, lorsqu'une horde de Turcs en fureur pénétra dans l'asile sacré. Je ne vous dirai pas comment il fut saccagé, brûlé, détruit; je vous raconterai seulement comment ses habitants pacifiques furent immolés. (1)

(1) La perte que la ruine du couvent de Damas fait éprouver à notre mission est évaluée à près d'un million de francs. On n'en sera point étonné, si l'on sait, 1° combien les constructions sont coûteuses à Damas à cause de la rareté des materiaux; 2° quelles étaient les richesses de l'église en habits sacerdotaux, ornements et vases sacrés; toutes choses envoyées et données par l'Espagne dans le temps où l'or et l'argent lui arrivaient, à charge de vaisseaux, de ses possessions d'Amérique; 3° enfin, quelle était la valeur de la bibliothèque qui contenait un nombre considérable d'ou-

Je commence par le supérieur dont je viens de parler. C'était le P. Emma-

vrages précieux, surtout des éditions et des manuscrits arabes. Une société anglaise avait offert, il y a un an, 1,000 livres sterling, (25,000 fr. de France) d'une seule Bible arabe, en 3 vol. in-folio. Tout cela n'est plus qu'un monceau de cendres et de ruines. Le P. Valentin de Vernazza, président de l'hospice de Beyrouth, qui a visité déjà deux fois Damas depuis la catastrophe, n'a pu, en fouillant de ses propres mains dans ces décombres, trouver rien d'entier qu'une petite table de cellule portant une lampe et quelques feuilles à moitié brûlées qui contenaient des exercices arabes; de plus, le bréviaire d'un de ces martyrs, bréviaire qu'il garde désormais comme une relique précieuse. Mais, en plein chemin public, il eut le bonheur de pouvoir arracher le 3e volume de cette grande Bible des mains d'un nègre qui allait la vendre aux alentours pour la somme d'un meggidi, monnaie turque de la valeur d'environ 4 fr. 50. Enfin, dans la mosquée où l'on avait fait apporter tous les objets dérobés aux chrétiens, on a reconnu la cloche nuel Ruys de la montagne de Rimosa ; il était âgé de 57 ans, il en avait 37 de religion, et 29 de mission. Les premières nouvelles que nous avions reçues, portaient qu'à l'approche des Turcs, il avait, pour les soustraire à leurs insultes, consommé les saintes espèces ; et que pressé en vain de rendre hommage à Mahomet, il avait néanmoins obtenu de se choisir le lieu de son sacrifice. Conduisant donc les sicaires au maître-autel, et y posant sa tête, il leur avait dit : *Tranchez* : et à l'instant, cette tête tombait devant l'autel ; et pendant que les flots de son sang en inondaient le marchepied, sa bouche, par les contractions des lèvres, semblait encore pro-

du couvent, mais les oreilles en étaient brisées, et l'image du crucifix qui y était en relief, entièrement mutilée par des coups redoublés de marteau.

noncer le nom de Jésus. (1) Mgr Iacoub, évèque syrien de Damas, m'a rapporté qu'un des religieux dont il ne savait pas le nom, avait été tué à coups de sabre, près du maître-autel, après la plus éner-

(1) Ces premiers détails nous venaient en grande partie du P. Leroy, préfet des missions des Lazaristes en Syrie et en Égypte. Échappé aux dangers de Damas, il est mort à Beyrouth, peu de jours après s'y être refugié. Il avait passé la plus grande partie de sa vie en Orient, dans le service des missions, où il s'était toujours montré infatigable, et il a laissé en mourant, auprès des Européens et des indigènes de tout culte, des regrets profonds et une mémoire honorée. Je l'ai vu pour la première fois à Alexandrie il y a 16 ans, lorsqu'il y faisait construire l'hospice de ces sœurs admirables de Saint Vincent de Paul qui sont là, tout à la fois, les infirmières des pauvres malades, les mères des enfants trouvés et des orphelines, les maîtresses d'un pensionnat nombreux et distingué, de tous enfin le modèle des plus angéliques vertus.

gique déclaration d'être et de vouloir mourir chrétien. Une femme m'a dit de plus que le Père Président (1), avant de mourir, prêcha contre la fausseté de la loi musulmane. (2) Un autre chrétien atteste que le P. Président, se communia lui-même, avant de mourir; enfin Naam Mosabechi raconte qu'après le désastre, il trouva le corps du P. Président près du grand-autel.

(1) Président est le titre donné aux supérieurs des maisons de la Terre-Sainte qui sont de moindre importance et qui ont le nom d'hospices. Les supérieurs des maisons plus considérables qui portent le nom de couvents, ont le titre de Gardien. La mission franciscaine qui comprend la Judée, la Syrie, l'Égypte, le Liban et l'île de Chypre, y compte 29 maisons, c'est-à-dire 9 couvents et 20 hospices.

(2) Ceci se rapporte évidemment à la profession de foi prononcée par le P. Emmanuel Ruys, et à l'exécration qu'il fit de l'islamisme lorsqu'on le sollicitait de l'embrasser.

Le religieux qui subit le même sort après le P. Supérieur, à peu près du même âge et qui comptait comme lui le même temps de religion et de mission, est le P. Carmel Volta de Real de Gandie, curé des catholiques latins, et professeur de langue arabe pour les jeunes missionnaires de sa nation. Il reçut dans la tête un coup de pistolet qui cependant ne le tua point. Les Turcs se mirent alors à le solliciter de renoncer à *sa fausse religion*. La profession de foi catholique la plus claire fut sa réponse. « Ah! chien, » hurlèrent alors ces malheureux, et ils l'achevèrent à coups de cimeterre. Tel est le récit de Naam : d'autres chrétiens me l'ont confirmé. Douze jours après, ou environ, un chrétien, nommé François Nadin, donna la sépulture au corps du martyr.

Le P. Carmel avait pour vice-curé

dans l'administration de la paroisse, le P. Engelbert Kolland, Tyrolien, et pour élèves de langue arabe, les pères espagnols Nicolas Alberca, Pierre Soler et Nicanor Ascanio. Tous les quatre l'ont suivi dans son glorieux martyre.

Le P. Engelbert Kolland de Ramsaü, dans le Tyrol allemand, était né en 1827 : il était entré dans l'ordre en 1847, et était venu en Terre Sainte depuis 1855. (1) A l'approche du danger, il s'enfuit du couvent, et se cacha dans une maison voisine avec un Maronite nommé Metri. Ce chrétien, qui a échappé à la mort, raconte que le Père fut découvert par les Turcs, et sollicité de toutes les manières à embrasser l'is-

(1) Cet excellent prêtre avait été déjà vice-curé de Belsano, dans sa patrie. Il possédait et parlait six langues : l'arabe, le latin, l'allemand l'italien, l'anglais et le français.

lamisme, mais qu'il répondit toujours : « Je ne puis pas, parce que je suis chrétien et prêtre. » Nous te tuerons, reprirent ces forcenés et nous te ferons manger aux chiens, tes pareils. Faites-le, répondit le prêtre, mais sachez que pour chaque poil de ma barbe, il mourra soixante Turcs. Il reçut, à ces mots, sur sa tête, un violent coup de cimeterre. Metri, le Maronite, put s'enfuir à ce moment, et ne vit pas la fin du martyre du prêtre. Mais l'on a su que le P. Engelbert eut encore les bras et les mains mutilés. François Nadin qui l'ensevelit, plusieurs jours après, rapporte néanmoins que, comme son corps était déjà en putréfaction, il n'y put reconnaître d'autres blessures que celle de la tête.

Le P. Nicolas Alberca (selon le récit de Mosabechi, témoin oculaire), sur la demande qui lui fut adressée, s'il consentait à renier la loi de Jésus-Christ, et à embrasser celle de Mahomet, répondit : « Plutôt souffrir mille morts ! » Et il fit le signe de la croix. Un coup de pistolet l'étendit sur le sol. C'était le plus jeune de tous. Il n'avait que 30 ans. Il était né à Cordoue. Il avait pris l'habit de l'ordre depuis 3 ans seulement dans le collége de Priégo. (1). A peine

(1) Priégo, collége franciscain pour les missions de la Terre-Sainte et du Maroc, est un petit couvent dans une solitude de la Nouvelle Castille. Il est, avec deux autres de semblable destination, tout ce qui reste en Espagne de tant de maisons qu'y possédait l'ordre d'où sortirent le cardinal Ximenès et Perez, l'ami et le protecteur de Colomb. Honneur donc au fanatisme des Turcs ! Depuis six siècles que nous vivons parmi eux, ils ne nous ont détruit que 3 couvents : celui de Saint Jérémie sur les montagnes de la Judée ; celui de Mont-Sion où se vénérait le Cénacle, et enfin celui de Damas.

revêtu du sacerdoce, il était parti subitement pour cette mission, et s'était retiré à Damas, où il se livrait à l'étude de l'arabe, afin de se rendre capable de travailler au service des catholiques et à la conversion des infidèles. Que d'espérances tranchées avec cette vie!

Nous devons les mêmes regrets à la fin précoce de Pierre Soler, né à Orca, et plus âgé qu'Alberca de 3 ans. Il avait été son compagnon au collége de Priégo et dans celui de Damas : il le fut encore sur le champ du martyre ; avec cette différence que comme il lui était supérieur en âge, il le fut aussi dans la manière de souffrir et de donner sa vie pour Jésus-Christ. Apprenant que les Turcs étaient entrés dans le couvent, il prit par la main le petit frère de Naam qui n'avait que 12 ans et lui dit : « Viens avec moi, et si je ne comprends pas bien ce que les Turcs me diront, tu me l'expliqueras. » Mais venant à réfléchir qu'il exposait cet enfant à une mort certaine, il courut le cacher dans un lieu très-obscur, sous un escalier. Il l'y abritait encore, lorsque survinrent les Turcs qui, voyant le religieux, le tirèrent de là sans pousser plus loin leurs recherches. Ainsi fut sauvé le petit Joseph qui put, dès lors, nous raconter la mort du saint religieux. Interrogé tout à coup s'il voulait se faire Musulman, Pierre Soler répondit : Que voulez-vous dire ? je ne saisis pas très-bien vos paroles. Ils s'expliquèrent mieux. Et le prêtre, cette fois, les ayant bien compris, répliqua avec le peu d'arabe qu'il savait : « Non, non, plutôt mourir mille fois ! » Puis, pour ne laisser aucun doute sur les dispositions de son âme, il fit le signe de la croix, et se mit à genoux dans l'attitude d'un homme qui offre à Dieu le sacrifice de sa vie. Un coup de cimeterre l'étendit à terre ; et pour assouvir sur lui leur fureur impitoyable, les barbares le percèrent de part en part. C'est là que le trouva, quelque temps après, le compatissant Nadin qui put encore le reconnaître, et qui l'ensevelit.

J'aurais à vous parler maintenant de l'autre élève de langue arabe, le P. Nicanor Ascanio de Villa Reios d'Abossès ; mais on ne sait rien de lui, jusqu'à présent du moins. On croit qu'il est mort hors du couvent, ou que son corps est encore sous les ruines de la maison et de l'église. (1) Il était missionnaire

(1) Cette seconde supposition paraît aujourd'hui certaine. Le P. Valentin de Vernazza, entre autres objets, trouva sous les ruines un morceau de sandale auquel restait attaché le gros doigt d'un pied d'homme, le tout à moi-

depuis 2 ans, était âgé de 46 ans et en avait 30 de religion.

Il en est de même du religieux laïc, le Frère Jean-Jacques Fernandez de Villa de Sea ; nous ne savons rien de lui. Son corps fut trouvé sous les décombres, et

tié carbonisé. Ce reste humain ne pouvait avoir appartenu qu'au P. Nicanor, puisque les corps des sept autres religieux avaient déjà été découverts et étaient ensevelis. — Pendant que je rédige cette note, mes yeux se portent sur la dernière lettre que ce Père a écrite à Jérusalem. Il avait reçu l'ordre de partir et de venir ici pour commencer l'exercice de son ministère. Dans cette lettre, il répond que le supérieur et les religieux de son couvent l'engagent à rester encore, attendu que les routes, de toutes parts, sont couvertes et infestées de Druses : mais en même temps, il proteste, que si le supérieur de la mission veut lui signifier le même ordre une seconde fois, il partira sans délai, serait-il certain de courir à la mort. Inutile de dire qu'il lui fut écrit immédiatement de ne pas s'exposer.

reconnu pour le sien, quand on lui donna, comme aux autres, la sépulture. Il était âgé de 52 ans : il ne servait la mission que depuis 2 ans ; mais il y en avait 29 qu'il était religieux.

Il y avait encore dans le couvent un autre religieux laïc. C'était le Fr. François Pinazzo d'Alpuente, âgé de 51 ans, qui en avait 30 de religion, et 17 de séjour en Terre Sainte. Il fut assailli par les sicaires sur la terrasse. Les témoins oculaires disent qu'à raison de la distance, ils ne purent l'entendre parler, mais qu'ils le virent élevant les mains au ciel et priant incessamment ; et que ce fut alors qu'il reçut un coup de massue de bois qui lui brisa l'épine dorsale. Il fut de plus transpercé d'une lance, et enfin, pour l'achever, car il respirait encore, les barbares le précipitèrent de la terrasse.

Ici finissent, M. le Directeur, les renseignements que j'ai pu recueillir sur nos martyrs de Damas. Pour l'amour de la religion et de la patrie, veuillez les publier dans les colonnes de votre journal. En quittant la plume, je reste partagé entre la douleur que m'inspirent les pertes sérieuses éprouvées par la Mission franciscaine dans ces désastres, et le sentiment d'une sainte joie au sujet de la mort héroïque de ces religieux dont la gloire va rejaillir sur cette mission elle-même, et sur l'Ordre entier. Plus d'une fois, dans ces temps malheureux, on a entendu dire : « A quoi servent les frères ? » Des ruines fumantes de Damas, une voix s'élève que personne ne peut refuser d'entendre, et répond : Et quand même les frères ne sauraient rien faire, ils font cependant ce que ne firent jamais leurs détracteurs : ils répandent la civilisation avec la vérité de l'Évangile, ils cimentent et scellent l'une et l'autre avec leur sang ! (1)

(1) L'histoire de la Mission franciscaine en Terre-Sainte, ne manque pas de faits qui prouvent la vérité de cette réflexion. Les études que je fais depuis quelques mois sur cette histoire, ne s'étendent pas encore au delà de ses deux premiers siècles ; et cependant je trouve déjà, dans ce seul laps de temps, un nombre de martyrs assez considérable pour imposer silence au détracteur le plus malveillant. Je vais le produire, et pour abréger, je ne mettrai de ces martyrs que le nom, l'année, la manière, et le lieu de leur martyre, avec l'indication des auteurs qui en parlent.

1244. Tous les Franciscains qui étaient de garde au Saint Sépulcre, sont massacrés par les Caresmiens.

— *Voir la lettre du Grand-Maître des Templiers rapportée par Mathieu Paris.*

1266. Jérémie de Leccio et Jacques du Puy, écorchés vifs, flagellés, puis décapités à Safed, dans la Haute-Galilée. — *Marin Sanuto. Liber Secret. Fidel. Crucis.*

1288. François de Spolette, mis en morceaux à Damiette. — *Arthur du Moustier. Martyrologe franciscain, dédié au Cardinal de Richelieu.*

Item. Philippe du Puy d'Auvergne, taillé à coups de sabre à Azof, (Philistine). *St Antonin. Hist. Titr.* 24 *C. B. dans la vie de St Antoine.*

1328. François de la Marche d'Ancône, mort à Damiette, en prison, par suite des mauvais traitements qu'il y subissait.

Luc Wading, Annales des Frères Mineurs.

1345. — Frère Lievain, Français, décapité au Caire. — *St Antonin, même ouvrage que ci-dessus, page* 3.

Item. Fr. Jean Mortimer de Montepulciano, décapité au Caire avec un renégat génevois qu'il avait converti. — *Wading, Annales des FF. Min.*

1358 — Nicolas de Montecorvin, François de Naples, et Pierre de Rome partent du couvent de Sion et vont mourir au Caire pour la foi, afin d'assister un Chevalier hongrois, renégat converti par eux. Ils furent décapités tous les quatre en même temps. — *Marc de Lisbonne, chroniques des FF. Min. P. 11. Liv. 9. Chap. 12.*

1364. Guillaume de Castellamare, scié en deux, puis brûlé à Gaza. — *St Antonin, p.* 111. *lil.* 24, *chap.* 9.

1369. — Le roi de Chypre, Pierre Lusignan, ayant saccagé Alexandrie en 1366, le Sultan Baharite Schaaban-eb-Hassan, fit jeter en prison tout ce qu'il put trouver de Franciscains dans son empire. Il y en eut 12, entre autres, du couvent de Sion, qui, après de longs tourments, furent mis à mort. Ce fut sans doute à Jérusalem. Seize autres furent mis nus dans les prisons, à Damas, où enfin, et vers le même temps, on leur trancha la tête. — *St Antonin, même endroit; et Barthélemy Pisan, Conf. di san Francesco.*

1370. Jean de Naples, diacre, prêche J.-C. au Gouverneur de Gaza qui le fait écarteler. *Barthel. Pisan. Même endroit.*

Item. — Barthelemy Martinozzi de Montepulciano, est fendu en deux, au vieux Caire, en Égypte. — *Barthel. Pisan : même endroit.*

1373. Jean Etéo, Castillan, qui, avant sa mission en Terre-Sainte, était confesseur de l'Infant Ferdinand, frère du roi d'Aragon, fut d'abord incarcéré au Caire pour J.-C. avec le frère Gansolo, son compatriote. Ce frère étant mort dans la prison par suite des mauvais traitements qu'il y recevait, Etéo se trouva seul dans l'épreuve; il y faiblit au point d'en venir à renier J.-C. Cependant, ayant reconnu sa lâcheté, en concevant une confusion salutaire, il retourna confesser la foi spontanément, et de la manière la plus solennelle. Il fut donc flagellé; ses plaies furent arrosées de sang et de vinaigre; il fut enfin crucifié avec 6 clous, aux pieds, aux mains et aux coudes; c'est ainsi qu'il rendit, dans ce supplice, le dernier soupir d'un grand et généreux martyr de J.-C. — *Arthur du Moustier, Pisan, Wading.*

1391. Nicolas des Tauliques, de Sébénique, Donat de Roussillon, dans l'Aquitaine; Pierre de Narbonne et Etienne de Turrelo, Corse, sont mis en pièces tous les quatre, à coups de sabre, à Jérusalem. — *Calahorra*, *Histoire chronologique de la Province de Syrie et de la Terre Sainte. Liv.* 3. *Chap.* 18. *et Quaresmius*, 2e *vol. pag.* 55.

FIN.

www.ingramcontent.com/pod-product-compliance
Lightning Source LLC
LaVergne TN
LVHW021642170726
843501LV00007B/2382